것들에 대한 책

유진 첫 창작집

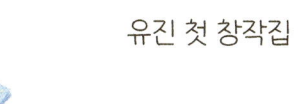
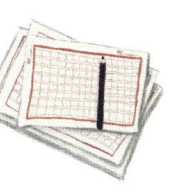

내가 사랑한 것

3

내가 사랑하는 모모

모모는 토끼 귀를 가진 7년 내 평생의 친구이다.

우리는 어떤 일이든지 함께한다.

아침에 해님이 일어나라고 빛으로 우

리를 깨우면, 항상 모모가 먼저 일어나 나를 동그란 눈으로 바라보고 있다. 오늘도 모모는 먼저 일어나 나를 지그시 바라보며 눈으로 "잘 잤어?"라고 물어본다. 그러면 나도 항상 먼저 일어나 나를 바라보는 모모를 향해, "모모야, 잘 잤어?"라고 아침 인사를 한다. 모모는 항상 내가 밥을 먹거나 양치를 할 때도 함께한다. 젓가락질을 잘못해서 케첩이 모모 팔에 튀어도, 세수하다 물이 튀어 모모의 발이 젖어도, 모모는 항상 웃는 얼굴로 나를 바라보며 "괜찮아"라고 해준다. 모모의 말에 나는 항상 모모와 똑같이 웃는 얼굴로 대답해준다.

  나는 모모랑 같이 어린이집에도 간다. 어린이집에서 같이 종이접기를 할 때도 있고, 내 친구들과 함께 가족 놀이를 할 때도 있다. 밖에 나가는 시간도 있는데, 밖에 나가서 노는 일은 모모에게 조금은 피곤하고 힘든 일인 것 같다. 선생님이 모모가 피곤해 보이는 것 같다며 모모를 내 가방 속에서 잘 자도록 도와주시기 때문이다. 나는 모모랑 함께 어린이집에서 노는 것이 너무 신나고 즐겁다.

  모모랑 같이 어린이집에서 돌아오면, 나는 모모와 동화책도 함께 읽고 노래도 함께 부른다. 모모는 나보다 동생이어서 주로 내가 책을 읽어주고 노래를 들려준다. 그러면 모모는 옆에서 웃는 얼굴로 귀를 쫑긋한 채 들어준다.

  그렇게 모모와 종일 신나게 논 뒤에, 나는 모모와 저녁도 함께 먹고 같이 씻은 다음, 침대에 들어가 잠을 잔다. 나는 모모랑 항상 잠을 자기 전에 이야기를 나눈다. 모모는 내 말을 참 잘 들어주는데, 내가 "어, 오늘은 달님이 동그랗다! 꼭 프라이팬 모습 같아"라고 깔깔거리며 이야기하면 모모는 깜깜한 밤에도 귀를 쫑긋 세워 내 이야기를 들어준다. 모모의 귀가 토끼 귀 모양인 것은 아마 내 이야기를 잘 들어주기 위해서인 모양이다. 나는 그런 모모가 좋다. 눈이 어둑어둑한 밤 때문에 무거워지면 나는 모모에게 잘 자라는 인사를 한다. 모모는 그때도 반짝반짝한 눈으로 나를 바라보며 "잘 자"라고 인사를 해준다. 모모는 항상 나보다 늦게 자고 나보다 일찍 일어난다. 내가 눈을 감을 때에도, 뜰 때도 항상 눈을 동그랗게 뜨고 나를 바라본다. 모모의 눈이 반짝이는 이유는 나를 잘 보기 위해서일 것이다. 나는 그런 모모가 너무 좋다.

 그러던 어느 날, 우리에게 최대의 위기

가 찾아왔다.

 엄마와 선생님은 초등학교로 들어가는 형님이 되려면 혼자 의젓하게 어린이집과 학교에 갈 수 있어야 한다고 이야기했다. 엄마는 이제 모모와 함께하던 양치질과 밥 먹기도 혼자 해야 한다고 했다. 내가 모모와 함께 양치질 하고 밥을 먹으면서 모모가 많이 더러워진다고 이야기해 주었다. 모모는 괜찮은데…. 모모는 더러워져도 항상 나에게 웃으면서 괜찮다고 해주는데, 엄마는 모모의 마음을 모르나 보다.

 형님이 되어야 한다고 이야기를 들은

9

그날 밤, 나는 무시무시한 꿈을 꾸었다.
 꿈속에서 눈을 떠보니, 저번에 어린이집에서 친구들과 함께 갔던 초등학교 운동장이 눈앞에 펼쳐져 있었다. 운동장은 마치 나에게 너무나도 큰 바다와 같고, 초등학교는 동화책에 나오는 무시무시한 마왕의 성처럼 넓고 높게 뻗어있었다. 내 손에도, 내 가방 안에도 모모는 없었다. 이제 형님이 될 거니까 모모는 내 곁에 없다. 그 순간 나와 같이 있던 선생님과 내 친구들은 사라지고, 초등학교의 창문들이 무시무시한 눈으로 바뀌어 나를 노려보았다. 그리고 현관이 커다란 입과

이빨들로 바뀌면서 나를 삼키려 했다. 도망쳐야 하는데 발이 땅에서 떨어지지 않았다. 그대로 꽁꽁 추운 얼음이 되어버린 느낌이었다. 입을 쩌억 벌린 괴물이 성큼성큼, 쿵쿵 소리를 내며 나에게 다가왔다. 이윽고 내 눈앞에는 깊고 깊은 검은 동굴 속이 보였고, 날카롭게 뻗은 이빨은 내 코앞에서 반짝였다. 그대로 괴물에게 먹히겠구나. 무서워 눈을 꼭 감은 순간, 잠에서 깨어났다. 순간 옆을 돌아봤다. 다행히 모모가 반짝반짝한 눈과 웃는 얼굴로 나를 바라보고 있었다.

나는 모모와 정말로 헤어지기 싫었다.

11

 그렇지만 형님이 되어야 하기 때문에 나는 오늘부터 형님이 되어가는 연습을 시작했다. 모모는 집에서 쉬고 나 혼자 어린이집을 갔는데, 이상하게 모모가 없어서 그랬는지 어린이집에 있는 동안 계속 배에서 꾸르륵 소리가 났다. 거기다 머리에 못된 악마가 쿡쿡 포크로 찌르는지, 머리도 너무 아팠다. 나는 결국 점심을 먹은 후에도 모모가 너무 보고 싶어 울며불며 모모를 불러댔고, 몇 분 뒤에 엄마가 모모와 함께 어린이집에 도착했다.

 잠자리에 들기 전, 나는 모모와 이야기

를 나눴다.

"모모야, 나는 이제 형님이 되어야 해서 너랑 점점 멀어져야 한대. 슬프지?"

나는 시무룩한 말투로 모모에게 물어봤지만, 모모는 웃는 얼굴을 한 채로 나를 쳐다보기만 했다. 모모는 언제나 내 이야기를 잘 들어주었는데, 오늘따라 모모는 내 이야기도 안들어주고 그냥 웃고만 있는 것 같다. 그런 모모의 모습에 나는 너무나도 속상한 마음이 들었다.

"나는 모모랑 떨어지기 싫은데, 초등학교 들어가는 형님들은 혼자서도 학교에 가고, 새로운 친구들도 많이 만든대. 나는 아직 학교가 무서운데, 난 아직 형님이 아닌가 봐."

 속상했다. 선생님 말씀 잘 듣고 밥도 잘 먹으면 저절로 형님이 된다고 생각했는데, 아직 학교가 무서운 걸 보니, 세상에 나만 빼고 다들 쉽게 형님이 되는 것 같았다.

 이렇게 내가 속상해하는 와중에도 모모는 웃는 얼굴로 나를 바라봤다. 갑자기 눈물방울이 마음속에서 눈으로 한 방울씩 올라오기 시작했다.

 모모가 내 말을 듣기는 하는 걸까. 오늘따라 모모의 웃는 모습이 어쩐지 얄미

워 보이기까지 했다. 나는 눈물을 손등으로 쓱 닦고 모모에게 등을 돌리고 누웠다. 그리고 더이상 눈물이 나오지 않도록 눈을 꼭 감아서 울음을 막았다. 형님이 되려면 울지 말아야지. 그런 생각을 하며 눈을 계속 꼭 감은 채, 나는 그대로 잠이 들었다.

얼마나 시간이 흘렀을까. 나는 꼭 감았던 눈을 다시 떴다. 그런데 그곳은 내 방이 아닌 넓고 넓은, 푸른 잔디밭이었다. 눈부신 해님 아래에는 모모와 비슷한 토끼 친구들이 잔뜩 있었고, 하나같이 가방을 멘 채 깡충깡충 뛰며, 어딘가로 향하고 있었다.

　어리둥절해진 나는 지금 내가 어디에 있는 거지라는 생각에 두리번거리며 사방을 둘러보았다. 그때, 갑자기 옆에서 누가 나를 톡톡 건드렸다.

　"나 여기 있어!"

　모모였다. 모모도 저 멀리 뛰어가는 다른 토끼들과 같이 책가방을 메고 있었다.

　"모모야, 너 책가방 메고 어디 가는 거야?"

　내가 모모에게 물어봤다.

　"나는 내 친구들과 함께 토끼 형님이 되려고 토끼 학교에 가는 중이야."

"토끼 학교? 너희들도 형님이 되는 거야?"

"맞아. 우리도 너희처럼 멋진 형님이 되기 위해 책가방을 메고 토끼 학교에 가는 거야."

"정말? 무섭지 않아? 내가 같이 가줄까?"

나는 모모에게 손을 뻗었지만, 모모는 내 손을 잡으면서도 고개를 절레절레 저었다.

"아냐, 솔직히 무서운 마음도 있어. 가서 뭘 해야 할지도 잘 모르겠어. 그렇지만, 나도 한 번 저기 있는 다른 멋진 토끼

들처럼 혼자 스스로 가볼 거야. 솔이 네가 나 열심히 응원해줘야 해!"

나는 내 손을 잡은 모모의 손을 두 손으로 꼭 쥐며 이야기했다.

"당연하지! 모모야, 힘내!"

"그래! 그럼 나 먼저 가볼게! 조금 이따 보자!"

모모는 나에게 손을 흔들고 다른 토끼들과 함께 학교로 향하기 시작했다. 나는 모모가 무사히 학교에 잘 갔다 올 수 있게 마음속으로 계속 파이팅을 외쳤다.

어느 순간 모모가 다른 친구들과 즐겁게 학교에 가는 모습이 점점 저 멀리 작아지고 있었다. 그런데 이상하게도 모모는 다른 토끼들보다 조금 더 크게 보였다. 신나게 뛰어가는 저 덩치 큰 모습이 마치 형님의 뒷모습처럼 보였다.

  나는 모모가 하는 학교생활이 무척이나 궁금했다. 그리고 모모가 학교생활을 잘 할 수 있을지 걱정이 되기도 했다. 그래서 모모를 멀리서 뒤쫓아갔다. 모모가 만약 무서워한다면 내가 바로 구해줘야 하기에, 나는 모모의 모습을 멀리서 지켜보기로 했다.

  그런데 저기 멀리서 보이는 모모의 모습은 즐거워 보였다. 모모는 선생님의 수

업도 귀를 쫑긋 세우며 열심히 듣기도 하고, 친구들과 운동장에서 열심히 깡충깡충 뛰며 재밌게 놀기도 했다. 모모는 학교에서 멋진 형님이 되어가고 있었다.

나도 모모처럼 무섭지만 스스로 해본다면 형님이 될 수 있을까?

그렇게 생각하는 순간, 갑자기 큰 햇빛이 하얗게 내 눈을 가로막았다.

아침이 밝았다.

꿈이 정말 진짜 같았다. 아직도 모모가 나에게 말을 걸어올 것 같았다.

하지만 모모는 여전히 옆에서 웃는 얼굴과 반짝반짝한 눈으로 나를 쳐다보고 있었다.

  그런데, 모모가 오늘은 다른 날보다 더욱 반짝이는 눈으로, "잘 잤어?"가 아닌, "파이팅! 할 수 있어!"라고 이야기했다. 그 꿈은 가짜가 아니였다. 어젯밤 꿈이 진짜였다는 것을 알자 나도 모모처럼 멋지게 어린이집에서 혼자 잘 지내보고 싶다는 마음이 생겨났다.

  아직도 꿈에서 나왔던 학교가 무섭고, 혼자 있으면 배도 꾸르륵 아프겠지만, 그래도 오늘은 모모처럼 멋진 형님이 되어보고 싶었다. 그래서 오늘은 모모에게 잘 갔다 오겠다고 인사했다.

21

"모모야, 오늘은 나 혼자서 멋진 형님이 되는 연습하고 올게. 모모도 오늘 혼자서 멋지게 형님 연습하고 오는 거지? 우리 잘 갔다 오고, 저녁 먹은 후에 다시 만나자. 내가 오늘 멋지게 연습하고 무슨 일 있었는지 이야기해줄게. 그럼 갔다 올게!" 나는 모모에게 손을 흔들며 혼자 방 밖으로 나왔다. 그때, 등 뒤 침대에서 어떤 소리가 들리는 것 같았다.

남겨진 것들

23

**편지에 남겨지고 남기는
소중한 마음들**

나에게 큰 힘이 되어주는 벗
H에게

오랜만에 당신의 편지를 꺼내 읽었습니다.

  왜 그럴 때 있잖아요. 왠지 오늘은 더욱 더 버거운 듯한 그런 날. 내 인생 중 평범한 나날 중 하나를 똑같이 복사한듯한 그런 수많은 날 중 하나여도 유난히 힘들 때 가요. 같은 곳을 찔러도 유난히 그날은 상처가 더욱 깊게 패는 그런 날 말입니다. 이런 마음이 들 때면 나는 당신의 편지를 읽어요. 당신의 그 편지 안에 꾹꾹 눌러 담겨있는 그 다정한 마음을 찾고 싶어 그 편지를 또 찾아 읽습니다. 당신이 세심하게 골라 쓴 정성은 글 사이에 찍찍 그으며 지운 흔적들 사이로 보이고, 당신이 나에게 보이는 그 따뜻한 마음들은 꾹꾹 눌러 써서 패여 버린 글자 안에 고이 담겨있는 듯합니다. 그래서 그 정성과 마음들이 글을 읽는 내 눈으로, 편지를 잡는 종이의 까끌까끌한 촉감으로, 편지가 서로 맞부딪히며 고요히 내는 사그락 소리로 흘러들어옵니다.

  당신과 내가 처음 만나던 날을 기억합니다. 항상 새로움은 희망과 두려움, 언뜻 보면 이질적이지만 서로 닮은 듯한 두 감정이 함께 다가오는 것 같아요. 우리 또한 이 감정들과 비슷한 것 같습니다.

서로 처음 봤을 때는 서로 다르다고 생각했는데, 우리는 이야기하면 할수록 유난히 맞는 구석이 많았어요. 그래서 더욱더 새로운 직장생활에서 두려움을 함께 나누면서 버틸 수 있었던 것 같아요. 둘 중 한 명 일이 늦게 끝나는 날, 서로 누구랄 것도 없이, 이유 없이 기다려주고 함께 퇴근하기도 했고, 서로 유난히 힘든 날에는 조금이라도 덜 힘든 사람이 그날 남은 기운들을 담아서 힘없는 어깨를 토닥여 주었지요. 그렇게 서로가 서로에게 기대어가면서 그 많은 나날을 버텼던 것 같아요.

27

 한편으로는 서로 닮은 점이 많아 이야기를 나누면 그 누구보다 방대하고 깊은 이야기를 서로 할 수 있었던 것 같아요. 황량한 직장생활에서 만난 지 얼마 되지 않았지만, 서로 처음 이야기를 나눈 순간부터 우리가 잘맞다는 것을 깨달은 뒤에는, 정말 수도 없는 넓고 깊은 이야기를 나누었다고 생각해요. 각자가 겪었던 학창 시절 이야기, 대학 시절 이야기, 그리고 그 시기들을 건너오면서 다져나간 각자의 가치관에 대한 이야기들. 당신이 들려주었던 이야기는 저를 구성하고 있는 결들과 많이 닮아 무척이나 반가웠어요.

나와 닮은 결을 만나서일까, 저는 그 결을 따라 제 이야기도 서슴없이 꺼낼 수 있었어요. 함께 수많은 이야기를 하고 공유하던 그때는 정말 나에게 그 자체만으로도 정말 더없는 큰 위로가 되어주었습니다. 이 글을 빌어서 고맙다고 전하고 싶어요.

 들어올 때도, 고난들을 이겨나갈 때도 함께 해서 직장을 나갈 때도 함께하고 싶었지만, 나는 결국 직장이라는 힘겨움 속에 속수무책으로 당해 먼저 도망치듯이 나와버렸어요. 당신은 지금도 굳건히 그 자리를 버텨나가고 있고요. 그 단단함이

29

너무나도 부러우면서도 한편으로 같이 마무리하지 못해 아쉬운 마음이 들기도 합니다. 당신은 어제도, 오늘도 그 어려운 곳에서 잘 버텨나가고 있을까요? 아쉽고 슬픈 마음을 담아 안부를 물어봅니다.

이렇게 우리의 이야기를 편지로 남기다 보니 내가 당신에게 가지고 있는 고마운 마음이 더욱 커지는걸 느낍니다. 내가 정말 일을 잘해나가고 있는지 나에 대해 의심의 그림자를 드리울 때, 내가 누구보다 잘하고 있고, 앞으로도 잘할 수 있을 거라며 그림자를 걷어주었던 마음. 상

사에게 혼나서 슬퍼하던 마음을 서로 위로해주었던 그 마음. 그리고 내가 퇴사한 직후 힘들어하고 있을 때, 나에게 어떤 일이든 앞으로 잘 해낼 거라고, 나를 믿는다고 확신을 가지며 편지에 띄워주었던 그 마음까지. 그 조각조각들을 내 마음속에서 꺼내어 보다 보면, 내가 나에 대해 가지고 있던 의심과 혐오조차도 말끔히 사라져 그래도 내가 무언가는 할 수 있을 것 같다는 자신감이 그 자리를 메우게 돼요. 한 사람이라도 나에 대한 믿음을 보여주는 사람이 존재한다는 것은 정말 인생을 살면서 쉽게 얻을 수 없는, 값

진 행운이라고 생각합니다. 나에게 그런 행운을 주는 친구가 되어주어서 더욱 고맙습니다.

문득 나 또한 당신에게 이런 더없는 행운을 줄 수 있는 사람인지 궁금합니다. 그래서 쑥스러워하고 자주 낯부끄러워하는 나이지만, 조금이라도 더 이 고마움을 어떻게 하면 잘 전할 수 있는지 고민하고 어떻게든 전해주려고 해요. 이번에는 당신이 내 생일날 주었던 그 마음보다 더 크고 깊게 주고 싶어 어떻게 하면 잘 전할 수 있을지 고민하고 있습니다. 당신이 무엇을 좋아하는지, 무엇이 필요할지, 이

편지를 다 쓰고나서 깊고, 골똘히 고민해 보려 합니다. 저의 이 정성이 잘 포장되어 부디 오래오래 당신에게 힘이 되어주었으면 좋겠어요.

이제 점점 추위가 찾아옵니다. 예전에는 이런 추운 날에 간신히 나뭇가지를 붙잡고 있는 나뭇잎과 같은 위태로움과 외로움을 느끼는데, 이제는 저도 조금씩 이 추위를 버텨볼 수 있을 것 같습니다. 당신이 주었던 나에 대한 믿음에 보답하듯이 저도 조금씩 당신처럼 단단한 사람이 되고 싶어요.

아무쪼록 이렇게 점점 추워지는 날씨

에 저는 무엇보다 당신의 무탈하고 건강한 하루를 소망합니다. 그리고 오늘 하루의 끝자락도 그 무엇보다 편안하고 포근함으로 마무리되었으면 좋겠어요.
 푹 잘 자고 좋은 꿈 꾸길.

 앞으로도 쭉
 힘이 되는 존재가 되고픈
 K가

버려진 것들

35

어쩌면 기후위기로 만들어진
디스토피아는
멀리 있지 않은 것 같아

나는 12달 중 유난히 2월 말 3월 초를 좋아한다.

그때는 광양 매화마을에 매화가 피는 날인데, 내가 유난히 매화를 좋아하기 때문이다. 나보다 그리 멀지 않은 높이에 눈처럼 희고 고운 매화꽃들이 핀 매화밭을 보고 있으면, 한창 추웠을 때 봤었던 눈을 조금 더 따뜻한 날씨에도 보는 것 같은 느낌이라 좋아한다. 그래서 2월이 시작되면 그때부터 매화를 기다리기 시작한다. 여우가 어린 왕자를 기다릴 때의 마음이 이랬을까. 나는 2월 초부터 점점 더 따뜻해질 날씨를 기대하고, 그 날씨 속에서 하얗게 필 그 매화밭의 전경들을 상상한다.

올해도 어김없이 기다렸다. 2월 초부터 광양으로 매화를 보러 드라이브할 생각에 무척 신이 났었다. 엄마에게 틈만 나면 매화 언제 피지?, 같이 매화 보러 언제 가지? 라고 물어보며 엄마를 괴롭히기도 했다. 엄마는 그럴 때면 항상 3월 초에나 보러 가자며 내 괴롭힘에 대답해 주었다.

드디어 고대하던 매화꽃이 피어나기 시작했다. 순천에서 광양을 가는 길목 곳곳에 매화나무가 조금씩 보이기 시작했다. 역시나 올해의 매화꽃들도 희고 고왔다. 내 코끝을 스치는 바람에는 매화꽃의

향기로움이 살짝 묻어나 있어 내 마음을 더욱 설레게 했다. 예로부터 굳은 기개를 상징하여 조선 시대 문인들에게 많은 사랑을 받았던 매화인데, 그 문인들이 이런 아름답고 곧은 자태를 보고 향기를 맡으며 나와 비슷한 생각을 했을까. 정말 언제든 와서 보고 싶은 절경이 아닐 수 없었다.

그런데 올해의 매화는 작년보다 조금 일찍 꽃을 피운 것 같았다. 매화를 기다리고 있었던 나는 매화가 일찍 폈다는 것에 신이 났지만, 한편으로 비슷한 시기에 폈던 매화들이 조금 눈에 띄게 일찍 핀 것에 대해 의문을 가지기 시작했다. 아니, 생각해보면 이것은 의문이 아니라 불안에 조금 더 가까웠다. 평소와 다르게 일찍 펴고 져버린 매화의 모습들을 보면서 내 마음속에 조금씩 의문과 불안들이 싹트기 시작했다.

그 싹튼 불안과 의문이 걷잡을 수 없이 자라나 버렸을 때는 벚꽃이 핀 시기인 3월에서 4월 즈음이었다. 벚꽃이 변해버린 기후에 조금 더 예민했던 걸까. 원래 4월 즈음에 피기 시작하면서 화려하게 봄을 장식해야 할 벚꽃이 3월 중순에서 말로 넘어갈 무렵 모습을 보이기 시작했다. 심지어 제주도는 따뜻한 남쪽 지방이라 벚꽃이 3월 중순에 피기 시작했었다. 상대적으로 남쪽에 위치한 순천도 예외는 아니었다. 벚꽃들이 내 생각보다 일찍 모습을 드러낸 것이다. 예정된 만남보다 한참 일찍, 그것도 아직 만날 준비를 시작하지도 못한 상태에서 예상치도 못하게 만나 무척이나 당황스러웠다. 원래 벚꽃을 보면 봄이 왔다고 좋아해야 할 텐데, 나는 집 앞에 그저 속도 모르고 활짝 펴있는 화사한 벚꽃을 보면서 성큼 다가와 버린 기후 위기를 체감했다. 내 속에서 자라 싹터버린 불안은 괜한 걱정이라는 잡초 따위가 아니었음을 깨달은 순간이었다.

  언젠가 넷플릭스 영화 '승리호'라는 영화를 본 적이 있다. 그 영화는 극심한 기후 위기로 인해 멸망해버린 지구와 인류의 모습을 보여준다. 이러한 시대적 배경 속에서 신분이 높은 사람들은 다른 행성에 새로운 터전을 마련했고, 그곳에 가지 못한 사람은 황폐해진 지구에서 미처 조그맣게라도 자라난 새싹들을 보지도 못한 채 하루하루를 모래와 먼지, 고난 속에서 살아간다. 그곳에 생물이라고는 단지 인간들뿐이다. 살아있는 동물도, 식물

도 그곳에는 존재하지 않는다. 어쩌면, 존재하지 못하는 것일수도 있다. 그 장면을 본 나는 마치 머지않아 내가 보게 될 지구의 광경이 아닐까 하는 불안함을 느꼈다. 개화 시기가 유난히 빨랐던 올해의 꽃들, 작년에 유난히 길고 길어 힘겨웠던 6주간의 장마가 영화의 장면과 겹쳐 내 머릿속에서 파노라마처럼 스쳐 지나갔다. 내가 유난히 영화를 보면 몰입을 잘 하는 사람이기 때문일 수도 있지만, 이런 불안함이 그저 순진한 사람이 쉽게 가질 수 있는 괜한 걱정이라는 생각은 들지 않는다. 모든 것에는 이유가 있다. 내 마음속에서 자라나고 있는 불안이라는 잡초 또한 그러하다.

  요즘 디스토피아 장르에서 유난히 자주 보이는 요소가 있다. 바로 세상이 멸망하게 된 이유가 극심한 기후 위기라는 설정이다. 옛날에 나왔던 영화 '2012'도, 내가 최근에 봤던 '설국열차'와 '승리호'도. 모두 기후 위기로 지구가 망해버리고 그 속에서 악착같이 살아가는 인간에 관해 이야기한다. 어디 영화뿐일까. 김초엽 작가의 최근 소설 '지구 끝의 온실'과 같은 소설에서도 기후 위기로 망가져 버린 지구의 모습들을 보여준다. 그

많은 기후 위기를 배경으로 한 디스토피아 장르의 풍경에는 식물과 동물들이 온전히 살아있지 못하고 죽어버린다. 그곳에서 동식물의 생명에 대한 가능성은 얄팍하고 희박할 뿐이며, 자연을 망가뜨린 장본인인 인간은 억척스럽게 자신의 명을 가늘고 아슬아슬하게 늘려만 간다. 디스토피아라는 장르는 정말 재미있는 점이 있는데, 이런 일련의 참담한 세계를 체험하는 동안에는 덜컥 겁을 먹게 되다가도, 그 세계에서 빠져나오고 현실로 돌아오면, 그 장르 속 세계와는 전혀 다른 안전하고 평화로운 세계가 눈앞에 펼쳐져 두 세계가 만들어내는 간극이라는 달콤함을 맛볼 수 있다는 점이다. 그러면 현실로 돌아온 관객이나 독자들은 안도의 한숨을 짓는다. 그래. 내가 아까 경험했던 것들은 픽션이었지. 그런 점이 디스토피아만이 줄 수 있는 매력이라 할 수 있다. 하지만 이를 어떡하나. 이제는 기후 위기를 배경으로 한 디스토피아에서 이런 안도감을 맛보지 못하게 될 것만 같다. 적어도 나는 지금 이런 종류의 디스토피아 서사를 본 후, 안심이 아니라 위기감이라는 쓰디 쓴맛을 느낀다. 영화나 책에서 보던 장면들에서 점점 현실과 닮은 구석들을 발견한다. 기후 위기로 인해 변화된 환경에 적응하지 못한 동식물들의 죽음. 그리고 변화된 환경 속에서도 어떻게든 살아보겠다고 환경을 망가뜨린 손으로 더욱 발악하는 인간들. 지금 현실 속에서도 기후 위기 디스토피아 서사와 비슷한 모습으로 변모해가고 있다.

 지구의 온도가 상승하면서 동면을 하던 개구리들은 자신이 정작 일어나야 할 때를 찾지 못하고, 겨울이 끝나가는 지점에 일어나 결국 추운 날씨에 죽었다고 한다. 해를 거듭할수록 태풍은 거세지고, 장마는 더욱 길어지며, 밖은 더욱 숨 쉴 수 없는 더위와 칼로 베이는 듯한 추위가 기승을 부린다. 그리고 봄과 가을이 짧아지면서 봄꽃들의 개화 시기는 더욱 앞당겨지고, 짧아진다.

밤하늘의 별은 잊고 산 지 오래되었다. 어렸을 때는 위를 쳐다보면 어렵지 않게 볼 수 있었던 작은곰자리도, 북두칠성도, 이제는 희미하게만 남아있을 뿐이다. 한때 밤하늘을 무대로 각자의 이야기를 가지고 빛을 내던 멋진 별자리들은, 어느새 그저 신화와 같은 존재가 되어만 가고 있다. 책과 사진에서만 볼 수 있고, 실제로 찾아볼 수 없는 가상의 별빛들이 되는 것만 같다.

  우리 어른들에게 당연했던 것들이 점점 희귀해지고, 지금 막 자라나고 세상을 보기 시작한 어린아이들에게는 허상의 것이 되어만 가는 자연들. 자연의 디스토피아는 그렇게 멀리 있지 않음을 느낀다. 어른들이란 본디 먼저 세상을 경험하고 지식을 쌓은 사람들로서 아이들에게 좋은 것을 가르쳐주고 보여주는 존재라고 생각한다. 하지만 우리 어른들의 주변 모습은 참담하다. 커피 테이크아웃 잔이 거리에 나뒹굴고 있는가 하면, 올바른 방법으로 분리수거가 되지 않은 재활용품들이 갈 길을 잃은 채 버려져 있다. 나무는 그저 쓰임을 위해 베어지고, 오직 우리의 미각을 위해 소, 돼지, 닭과 같은 가축들은 하루에도 몇만 마리씩 도축을 당하고 있다. 어른들에게 자연은 목적을 위해 쓰고 버리는 존재이다. 자연은 하루에도 몇 번이고 버려진 존재가 된다. 자연은 버리는 것이 아니다. 현재의 우리, 그리고 미래의 우리와 함께 자연은 그저 그 자체로 존재하는 것이다.

 나도 이제 어른이 되어버린 지금, 예상보다 빨리 피고 져버린 벚꽃과 매화를 보며 일종의 책임을 느꼈다. 그래서 나 한 사람일지라도 아이들과 자연을 위해 행동하기 시작했다. 내가 그렇게 대단한 환경친화적인 물건을 발명하거나, 획기적인 아이디어를 구상할 수 없더라도, 하루에도 몇 번씩 페트병에 붙은 스티커를 떼며 철저하게 분리수거를 하기 시작했고, 테이크아웃 잔 대신 텀블러를 꼭 챙겨 커피를 담아 먹었다. 그리고 장을 볼 땐 장바구니를 꼭 챙기기도 했다. 한때는 100일 동안 페스코 베지테리언*이라고 나 자신을 정체화하면서 채식을 실천해보기도 했다. 이러한 행동들은 내가 할 수 있는 나의 불안함을 잠재울 일종의 몸부림

이기도 했다. 조금만 주의를 기울이고 행동하면 기후 위기를 늦출 수 있지 않을까. 나는 오늘도 위기에 대한 회의보다 조금이나마 있을 희망을 소망하며 행동한다.

  이러한 나의 희망을 위한 소망과 노력이 조금이라도 도움이 되었으면 좋겠다. 앞으로 커갈 아이들에게 '기후 위기'라는 단어가 그저 영화나 책 속에서만 볼 수 있는 가상의 배경이 되었으면 한다. 지나간 역사에 '기후 위기'라는 단어가 존재했었고, 지금은 그 단어의 의미는 직접 느낄 수 없는 미래가 되기를. '기후 위기'

와 같은 단어는 영화나 책과 같은 가상의 공간에서만 간접적으로 느낄 수 있는 단어이길 바란다. 그로 인해 멸망하는 지구에 대한 두려움을 간접적으로 충분히 느끼지만, 결국 그들 뒤에는 풀과 꽃의 내음과 마음을 편안하게 해주는 자연이 존재하기를. 그들에게 환경이라는 디스토피아 서사는 오직 서사로서만 존재하기를.

* 채식에도 여러 종류가 존재한다. 오로지 채식만 하는 비건에서부터 유제품까지 허용하는 락토 베지테리언, 채식과 달걀만 허용하는 오보 베지테리언, 달걀, 유제품까지 허용하는 락토 오보, 어류까지 허용하는 페스코, 가금류까지 허용하는 폴로 베지테리언까지 다양하다. 최근에는 어쩔 수 없이 채식을 못 하는 날을 제외하고 채식을 실천하는 '플렉시테리언'을 실천하는 사람들도 존재하며, 일주일에 하루 '고기 없는 날'을 정하여 비건을 실천하는 사람들이 늘어나기도 했다. 식습관에서 비건을 실천하는 방법 이외에도, 동물성 원료를 사용하지 않는 비건 화장품이나, 가죽을 사용하지 않는 '선인장 가죽 제품' 등을 사용하는 방법 또한 비건을 실천하는 행동 중 하나라 할 수 있다. 이렇게 일상 속에서 비건을 실천할 수 있는 다양한 방법들이 존재한다. 참고로 이 글의 화자는 혼자 식사를 할 때는 육류섭취를 자제하고, 한달동안 육류식품을 소비한 날들을 체크하며 최대한 고기섭취를 줄여보려 노력하는 플렉시테리언이다.

잊혀진 것들

**당신은 과연 몇 명의 여성 위인을
알고 있나요**

어렸을 땐 그렇게 친구들 집에만 가면 친구의 방 책장에 위인전들이 꼭 꽂혀있었다. 단 12척의 배로 우리나라를 훌륭

하게 지켜내었던 이순신 장군, 도시락 폭탄으로 우리나라의 독립을 외쳤던 윤봉길 의사. 그리고 상대성이론으로 전 세계를 놀라게 했던 아인슈타인까지. 어느 친구의 책장이든지 여러 위인전은 가득했고, 그 위인들은 국적을 가리지 않고 책장의 많은 부분을 차지하고 있었다. 우리 집 또한 예외는 아니었다. 위인전을 읽고 성장하길 바랐던 그 시대의 많은 부모가 그랬던 것처럼, 우리 부모님도 내가 위인전을 읽고 정말 크게 성장하길 바라셨나 보다. 정말 큰 책장의 한 줄이 온통 위인전으로 가득했으니 말이다. 국적도, 직업도 다채로웠다. 나는 그것들을 읽으며 자랐다.

  내가 유난히 좋아했던 두 위인이 있다. 지금까지도 큰 영향력을 지닌 '몬테소리 교육'이라는 유아 교육사상을 창시한 마리아 몬테소리. 직접 노동자의 삶으로 들어가 그들을 위해 아낌없이 목소리를 내었던 프랑스의 사상가 시몬 베유. 이 두 인물이었다. 나는 그 두 위인전을 유난히 자주 찾았고, 정말 여러 번 읽었다. 아직도 그 위인전에 실린 삽화들이 선명히 떠오른다. 여성이 의대에 진학하는 것 자체가 불가능했던 시절, 이탈리아 교황에게 직접 편지를 부쳐 자신의 포부와 꿈을 용감하게 드러내었던 마리아 몬테소리의 편지를 쓰는 장면. 노동자들의 고된 노동을 직접 체험함으로써 그들을 대변해 직접 목소리를 내던 시몬 베유의 노동 장면들. 그들의 삶이 녹아 있는 글들과 삽화들은 어린 나에게 큰 감동을 주었다. 어려운 과정과 자신을 막아 세우던 차별들에도 불구하고, 오히려 더 당당히 세상과 맞서며 자신의 뜻한 바를 이루다니. 나도 꼭 자라서 저렇게 큰 꿈을 가지고 열심히 노력해서 뜻한 바를 이루는 멋진 사람이 되리라. 아직 세상에 대해 티끌만치도 모르는 어린 나였지만, 내가 그 위인전을 읽고 다졌던 다짐은 꽤 견고했고 단단했다. 그렇게 나는 나와 같은 성별을 가진 위인들의 큰 꿈을 읽고 자랐다. 그 많고 많은 위인 중 나에게 깊은 인상을 주었던 단 두 명. 그 두 명의 위인만이 나에게 더욱 깊게 머릿속에 박혔다. 국적과 직업을 막론하고 내 책장에 꽂혀 나에게 큰 꿈을 주었던 몇십 명의 위인들이 중 여성 위인은 단 두 명이었다.

지금까지 내가 거쳐왔던 12년의 공교육 속 스쳐 간 수많은 위인과 선조들을 생각해보았을 때, 내가 떠올릴 수 있는 여성들은 정말 많지 않다. 그저 내가 교육 속 배워왔던 여성 위인이나 선조들이라고는 외국의 나이팅게일, 잔 다르크, 퀴리 부인, 클레오파트라뿐이고, 우리나라에서는 유관순 열사와 신사임당. 단 둘뿐이다. 아마 전 세계를 통틀어 내가 공교육을 통해 배운 여성 위인들은 20명도 채 되지 않을 것이다. 거기다 퀴리 부인의 본명이 '마리 퀴리'이고, 클레오파트라는 이집트의 아름다운 여왕일 뿐만 아니라 뛰어난 정치력을 가진 인물이며, 유관순을 부를 때에는 뒤에 '누나'가 아닌, '열사'를 붙여야 한다는 것을 나는 내가 이미 공교육을 떠나 어른이 되었을 때 알게 되었다. 물론 내가 지금까지 배웠던 공교육 속 역사를 다 기억하는 것은 불가능할 것이고, 내가 그렇게 역사에 깊이 관심을 가지고 학교에서 역사를 열렬히 배운 학생이 아니었다는 사실은 내가 지금 하는 이야기의 허점이 될 수도 있다. 하지만, 지금 이 문단의 허점을 읽어낸 당신에게 묻고 싶다. 당신은 단 2분, 아니 5분의 시간이라도 주어졌을 때, 전 세계의 여성 위인의 이름 20명 이상 꺼내볼 수 있는가. 그에 반해 전 세계의 남성 위인을, 당신은 몇 명을 떠올릴 수 있는

가. 당신이 바로 떠올릴 수 있는 우리나라의 남성 위인은 몇 명이고, 여성 위인은 과연 몇 명이 될 수 있는가.

 기나긴 역사 속에서 두각을 나타내었던 여성은 정말 몇 명밖에 존재하지 않았을까. 세상의 반은 여자고, 그 나머지 반은 남자라는 것은 자명한 사실이지만, 어쩐지 역사에 한 획을 긋는 여성과 남성의 비율은 심각히 차이가 있는 것 같다. 하지만 역사를 조금 더 깊이 들여다본다면, 수많은 역사의 순간들 속에 빛을 발했던 여성은 우리의 생각보다 훨씬 많이 존재한다. 아무리 고대 그리스 시대 이전부터 진한 여성차별의 역사가 이어져 왔지만, 그 속에서도 종교, 역사, 문학, 예술 등, 도처에 다양한 여성 위인들이 지워지지 않은 채 살아있다. 나는 그 지워지지 않은 흔적을 케르스틴 뤼커, 우테 댄셀이 지은 '처음 읽는 여성 세계사'라는 책을 읽으며 하나씩 찾을 수 있었다. 이 책의 저자들은 여성들만의 역사만 비춰주지 않는다. 그저 수많은 인류 역사의 흐름 중간중간 비어 있고, 지워져 있던 여성의 자리를 채워가며 역사에 관해 이야기한다. 그들이 무려 400페이지가 넘는 종이에 빽빽한 글자로 새겨넣은 유구한 역사는 비어 있던 여성의 이야기들이 가득 메워져 있어 더욱더 사실적이고 풍성한 이야기로 나에게 다가온다. 빈 곳이 메워짐으로써 비로소 본 모습을 찾아 찬란해진 역사 안에는 중국 한나라 시대에는 최초의 여성 역사가인 '반소'가 여성의 배움을 독려했다는 이야기가 존재하고, 예수의 '평등'사상을 바탕으로 기독교를 널리 전파했던 예수의 여성 제자 '니노'라는 위인 또한 존재한다. 니노가 세상을 떠난 후 니노의 업적이 여성의 업적이라는 것에 반발을 가진 이베리아 사람들이 니노를 '남성'이라고 잘못된 역사를 지어내기도 했지만, 다행히도 니노의 이야기는 변질되지 않은채, 오래도록 지금까지 이 책 속에 남아있다. 고대뿐만 아니라 18세기 프랑스 혁명 시대, 여성들이 자체적으로 신문을 만들고 무기를 들어 혁명의 선봉대에 서기도 하며 프랑스 혁명을 주도했다는 사실도, 영국에서 '프랑켄슈타인'의 저자 메리 셸리의 어머니 메리울스턴크래프트가 '여성의 권리 옹호'라는 책을 펴내며 여권신장을 호소했던 사실도 이 책 안에 존재한다. 여기, 지워지고 잊혀질 위기에 놓인 그들의 생이 모여있다.

 우리나라에도 잊혀선 안 되는 여러 여

성 위인들이 존재한다. 일제강점기 시대 때 우리나라에서는, 한국 최초의 여성 서양화가인 나혜석이 조선 여성 최초로 세계 일주를 하였고, 권기옥이라는 비행사는 상하이 임시정부에서 활동하며 평양 일대에서 군자금을 모집하는 독립운동가로 활동하였다. 그리고 작가 김명순은 한국 근대 『청춘』지의 '현상문예'에 등단하기도 하며 소설, 시 등 여러 작품을 남기기도 하였다. '여성은 남성에 비해 부족하다'라는 어처구니없는 진실 아닌 진실이 역사 속 수많은 여성을 억압하고 지우려 했지만, 이렇게 지워지지 않은 많은 여성의 이야기가 어디선가 살아있다. 현대의 사람들은 이제 한 인간의 능력을 성별이 좌지우지하지 않는다는 것을 안다. 우리는 이 사실을 등에 업고 지금까지 사람들이 많은 남성 위인들의 이름을 꾸준히 언급하고 그들의 업적을 기렸던 것처럼, 숨겨져 있는 여성 위인들을 찾아내고, 언급하고 그들의 업적을 기억해야 한다. 그것이 우리가 역사에게 응당 해야만 하는 예의임과 동시에 미래를 위해 해야만 하는 과제와도 같은 것이다.

  지금도 많이 회자되고 있는 유명한 현상이 있다. 바로 '스컬리 효과'. 옛날에 나왔던 'X파일'이라는 해외 드라마에서 유래된 이 현상은, 그 당시 수많은 여성을 새로운 '이공계 세계'로 이끌었다. 그 전까지만 해도 암묵적으로 여성 앞에 사회가 그어놨던 보이지 않는 금지의 선. 그것을 해외 드라마에서 나온 '스컬리'라는 인물이 보기 좋게 깨뜨린 것이다. 그로 인해 불가능할 것만 같았던 '여성 과학자', '여성 의사', '여성 우주인' 등, 수많은 이공계 여성 위인들이 탄생하기 시작했다. 그리고 내가 글을 쓰고 있는 현재, 더는 '이공계에 종사하는 여성'이라는 이미지가 어색하지 않은 모습이 되었다. 비록 실존하지 않는 드라마 속 캐릭터일 뿐이지만, 그의 파급력은 가히 상상할 수 없는 영향을 미쳤다. 나는 이렇게 우리에게 보이고, 선전되는 '여성 인물'의 힘을 믿는다. 그들이 용감하게 앞장서서 개척해놓은 새로운 세계를 보여줄 때, 우리는 그곳에서 '여성'이라는 이름 속에 가려진 '나'라는 새로운 가능성을 포착할 수 있다. 그 가능성을 '믿음'이라는 발판으로 삼아, 우리 또한 나 자신의 가능성을 믿고 한걸음 나아갈 때, 우리는 비로소 '여자(女子)'가 아닌 '여자(女自)'가 될 수 있다.* 조금 더 우리는 가능성을 보여줄 여성 위인들을 찾아내고, 그 속에서 우리의 자화상이 될 가능성의 조각들을 발견해나가야 한다. 더 많고, 다양한 분야의 위대한 여성들을 우리가 만나고자 노력할 때, 우리의 뒤편에서 기다리고 있을 어린아이들에게 옛날에도 위대한 여성 위인들이 역사의 한 기둥을 세웠다는 사실을 알려줄 수 있다. 그뿐만 아니라 자신들 앞에 다양한 길과 삶의 모습들이 존재한다는 사실 또한 알려줄 수 있으며, 그로 인해 자신이 '여자(女自)로서' 무엇이든 할 수 있다는 믿음을 마음속에 심어줄 수 있을 것이다. 이게 바로 우리가 미래를 위해 해내야만 하는 과제라고 할 수 있다. 이 때문에 나는 이런 새로움과 빈 곳을 끊임없이 발굴해나가고 싶다. 조금이라도 내가 다음 세대의 아이들을 위한, 단 한자 길이의 길이라도 만들어보고 싶다. 이것이 바로 내가 생각하는 여성 위인들을 기억해야만 하는 또 다른 이유이고, 내가 숨어있는 여성 위인을 끊임없이 찾아내어 이들을 위해 이 글을 쓰는 이유이기도 하다. 나는 조금 더 과거와 미래의 여성들이 각자의 세상에서 역사에 큰 흔적을 남길 수 있길 바라며, 어려움 속에서도 해낸 명징한 업적이 그들의 고유

한 빛으로 무엇보다 눈에 띄게 반짝이길 바란다.

* 이 명언은 덕성여자대학교 설립자이자 독립유공자이신 '차미리사(1879-1955)'라는 여성 위인이 남긴 명언이다.

작가의 말

글을 쓰는 사람

저는 글을 쓰는 사람입니다.

제가 직접 쓴 번듯한 책 한 권도 없고, 책을 읽고 글을 쓰는 생활을 한 지 겨우 일 년도 채 되지 않았지만, 저는 저 자신을 글 쓰는 사람이라고 명명합니다.

 저는 글을 쓰는 순간이 좋습니다. 글에는 보이지 않지만, 누군가를 움직이게 만드는 '힘'이 있다는 것을 믿기 때문이지요. 그 힘은 각각의 글마다 고유하고 다양해서 그 글을 쓰는 사람에게도, 그 글을 읽는 사람에게도 영향을 미치는 것 같습니다. 가령 자신에 대한 글을 쓸 때 내가 나를 다시 돌아보게 되고, 내가 나 자신에게 일종의 위로를 건네는 것 같기도 합니다. 마치 내가 내 인생의 순간순간을 그냥 지나치지 않고, 글로 곱게 다듬은 뒤, 그것을 보며 사유해보기도 하고, 제 마음에 대해 이해해 보는 시간을 가지는 것처럼 말이죠. 그리고 그 정성을 거쳐 따뜻하게, 혹은 뜨겁게 제련된 글은 읽는 사람에게 다가가 그 온기를 그대로 전해 주는 듯 합니다. 그 온기는 읽는 사람에게 토닥임으로 다가가기도 하고, 때로는 그 사람을 움직일 수 있는 열기로 다가가는 것 같아요. 저는 항상 책을 읽고 글을 쓸 때 이런 일련의 경험을 느낍니다. 그래서 제가 글의 매력에 매료되어 꾸준히 글을 쓰고 있는 것 같습니다.

 글을 쓰기 시작한 지 얼마 되지 않았지만, 글을 쓴 시기의 깊이와 다르게 글에 대한 고민은 한없이 깊어져만 갔습니다. 처음에는 그저 내가 하나의 글을 완성했다는 것 자체에 기쁨을 느끼며 정신없이 글을 썼습니다. 하지만, 얼마 가지 않아 제 글에 대해 의심을 하기 시작했습니다.

'내 글이 너무 시시하면 어쩌지?'

'나는 겨우 이 정도밖에 못 쓰는구나.'

'도대체 예전의 나는 왜 이렇게밖에 못 썼지?'

제 글에 대한 의심을 시작할 때부터 활발한 소리를 내던 타닥타닥, 키보드 소리는 점차 조용해지기 시작했습니다. 점점 글을 쓰기 힘들어졌습니다. 글을 쓰는 시간보다 오히려 하얀 한글 창만 바라보며 고민하는 시간이 더 늘어나기만 했습니다.

 저는 이제껏 살아오면서 항상 저에 대한 의심으로 가득 차 있었습니다. 제가 멋지게 해낸 것을 저의 성과가 아닌, 우연의 일치로 바라보았으며, 제가 그나마 잘하는 것이라고는 남들보다 조금 더 가지고 있는 것 같은 성실함뿐 이라고 생각했었습니다.

 하지만 나의 글에 대해 의심하고 고민하는 동안에도 여전히 시간은 흘렀고, 글을 써지지 않았습니다. 그래서 결국 저는 다시 쓰기 시작했습니다. 수백 번 고민만 반복해도 완성은 되지 않기에.

 '우리는 밤마다 이야기가 되겠지'라는 에세이집에서 홍승은 작가님은 이렇게 이야기합니다. 자신의 글에 대해 '형편없어.', '이건 너무 사소한 이야기야.'라고 의심하는 것이 마치 '내가 이 삶에서 쓸모있는 존재일까.'라고 자신의 삶에 대해 의심하고 검열하는 모습과 비슷하다는 것을요. 작가님은 내 글을 읽을 사람들의 모습을 생각하며 오로지 글쓰기에 집중하면서 자신의 글에 대한 의심과 검열에서 벗어났다는 경험을 들려줍니다. 버지

니아 울프의 '어떤 식으로든 자기 자신의 진실을 쓰라.'라는 말과 함께 말이죠.

  글에 대한 의심을 지우는 것은 꽤 간단한 것 같습니다. 온전히 내 글에 집중해서 쓰는 것. 내가 전하고자 하는 이야기의 진심에 집중하고, 나의 메시지가 닿기를 간절히 바란다는 진심으로 쓴다면 위와 같은 의심들은 사라지지 않을까요? 마치 살아가면서 내가 살아가는 거창한 이유나 의미를 애써 힘들게 찾기보다 그저 가만히 내 삶에 집중하는 것처럼요.

  저는 지금 '글쓰기'에 대한 제 애정에 집중하면서 글을 쓰고 있습니다. 저의 복

잡하고 지저분하게 엉켜진 제 마음과 생각들을 글로 가지런히 정리할 때의 뿌듯함과 쾌감. 혹시나 이 글을 읽는 누군가에게 이 글이 어떤 마음의 움직임이라도 가져다주지 않을까 하는 기대감과 함께 말입니다.

  이것이 제가 글을 쓰는 이유이고 글쓰기를 좋아하는 이유입니다. 앞으로도 저는 꾸준히 제 이야기로 글을 써나갈 것입니다. 언젠가 제가 가지고 있는 저의 글에 대한 의심은 말끔히 지워지고, 더 많은 사람에게 제 글의 힘이 더욱 부드럽고 힘차게 다가갈 수 있을거라 믿습니다.

83

지금까지, 글쓰기를 사랑하는 사람의
글이었습니다.
저의 글을 끝까지 읽어주셔서
감사합니다.

것들에 대한 책

발 행 일 | 2021년 11월 11일 초판 1쇄
　　　　　2022년 04월 21일 1판 2쇄
글 · 그림 | 김유진
전자우편 | kimoj2328@gmail.com

펴 낸 곳 | 심다
출판등록 | 2015년 4월 23일 제 2015-2호
주　　소 | 전남 순천시 역전2길 10
전자우편 | simdabooks@naver.com
대표전화 | 061.741.4792

I S B N | 979-11-89665-79-1(02800)

책에 수록된 글의 저작권은 저작권법에 의하여
보호를 받는 저작물이므로 무단 전재와 복제를 금합니다.